一般的不公正取引規制に関する一考察

（平成 30 年 9 月 13 日開催）

報告者　松　井　秀　征
（立教大学法学部教授）

目　　次

金融商品取引法研究会出席者（平成30年9月13日）

会長	神作裕之	東京大学大学院法学政治学研究科教授
会長代理	弥永真生	筑波大学ビジネスサイエンス系 ビジネス科学研究科教授
委員	飯田秀総	東京大学大学院法学政治学研究科准教授
〃	尾崎悠一	首都大学東京大学院法学政治学研究科 法学政治学専攻准教授
〃	加藤貴仁	東京大学大学院法学政治学研究科准教授
〃	河村賢治	立教大学大学院法務研究科教授
〃	小出 篤	学習院大学法学部教授
〃	武井一浩	西村あさひ法律事務所パートナー弁護士
〃	中東正文	名古屋大学大学院法学研究科教授
〃	藤田友敬	東京大学大学院法学政治学研究科教授
〃	松井智予	上智大学大学院法学研究科教授
〃	松井秀征	立教大学法学部教授
〃	松尾健一	大阪大学大学院高等司法研究科准教授
〃	松尾直彦	東京大学大学院法学政治学研究科客員教授・弁護士
〃	宮下 央	ＴＭＩ総合法律事務所弁護士
オブザーバー	小森卓郎	金融庁企画市場局市場課長
〃	岸田吉史	野村ホールディングスグループ法務部長
〃	森 忠之	大和証券グループ本社経営企画部担当部長兼法務課長
〃	鎌塚正人	ＳＭＢＣ日興証券法務部長
〃	陶山健二	みずほ証券法務部長
〃	本井孝洋	三菱ＵＦＪモルガン・スタンレー証券法務部長
〃	島村昌征	日本証券業協会政策本部共同本部長
〃	塚﨑由寛	日本取引所グループ総務部法務グループ課長
研究所	増井喜一郎	日本証券経済研究所理事長
〃	大前 忠	日本証券経済研究所常務理事

（敬称略）

一般的不公正取引規制に関する一考察

神作会長　まだお見えでない方もおられますけれども、定刻になりましたので、第５回金融商品取引法研究会を始めさせていただきます。

本日は、既にご案内させていただいておりますとおり、松井秀征先生から「一般的不公正取引規制に関する一考察」というテーマでご報告いただくこととなっております。

それでは、松井先生、早速ですけれども、ご報告をお願いいたします。

［松井（秀）委員の報告］

松井報告者　立教大学の松井でございます。本日はどうぞよろしくお願いいたします。

本日、私がテーマにさせていただきましたのは、一般的不公正取引規制ということで、具体的には、皆様もご存じのとおり、金商法157条及び158条を対象にしたいと考えております。

最初に言いわけめいた話で恐縮ですけれども、解釈論をするというよりは、この157条、158条がどう位置づけられるのか、あるいはどういう性格の条文として捉えられるのが好ましいのかということを考えていきたいと思っております。解釈論等につきましては、多少付随的に取り上げますが、それよりは条文のメタレベルでの理解というところを少しやってみたいと思った次第でございます。

皆様のお手元に、カラーのレジュメ（パワーポイント）と、もう１つ、条文資料がございますので、こちらをごらんいただきながら聞いていただければと思います。

早速、レジュメを１枚めくっていただきまして、最初に全体の目次がございます。これは飛ばします。

「はじめに」というところから参りたいと思います。

Ⅰ．はじめに

1．不公正取引規制の構造

我が国の金商法は、第６章に「有価証券の取引等に関する規制」という不公正取引規制に関する章を設けております。これは金商法の開示規制や業者規制と並ぶ３つの柱になっているわけですが、この章自体は平成４年の証券取引法改正で入ってきた章でございます。

内容は皆様ご存じのことかと思いますが、確認のため少し中身を見てまいりますと、まず最初に157条がございます。これは一般的な規制ということで、「不正行為の禁止」という規定です。この規定が詐欺的行為を禁止するアメリカの連邦証券取引所法10条を参照したというのは、よく知られているところでございます。その理解を踏まえまして、我が国でも、これが有価証券取引等に関する不正行為を一般的に禁止する規制であると理解されているかと思います。

続きまして、158条から171条の２までは、個別の不公正な行為を規制する条文だという形で理解されているかと思います。これらはそれぞれ母法が違うということもございますし、あるいは個々の不祥事に個別に対応してきたということもありまして、全体として統一的な理念があるとか、体系的な整理がなされているかというと、なかなか微妙であると理解しております。ただ、いずれにしましても、個別の行為に規制を及ぼしているという理解は一致しているかと思います。

ただし、その中でやや難しい条文が158条でございます。この規定には、「風説の流布、虚偽、暴行又は脅迫の禁止」という表題が掲げられていまして、有価証券の募集、取引等のため、あるいは相場変動目的でこれらの行為を行いますと、規制が及んでくるという形になっております。この条文は、沿革が戦前の取引所法にございまして、157条よりも古い条文でございます。また、これは有価証券の取引等のために偽計を用いると規制の対象になりますので、適用範囲が非常に広い規定でございます。したがってこの158条も、不公正取引に関して、一般的、包括的に規制が及び得るという構造を持っておりまして、これと157条とはどういう関係に立つのか、ということが問題になるところです。

2．問題の所在

まず、問題の立て方です。157条は、名実ともに一般的な不公正取引規制として置かれている。158条以下は個別的規制であるけれども、158条も一般的、包括的に不公正取引を規制するような形で読み得る。そうすると、それぞれの規定はそもそもどういう性格の規定で、どういう行為を対象にして適用され得るのかということはきちんと詰めておく必要があるかと思います。この点に関しては、以前から少しずつ議論が蓄積しているところかと思います。他方で、それが詰めた議論に至っているかというと、まだその段階まではいっていないのではないかと思います。

理由はいくつかあろうかと思います。まず、ご存じのとおり、157条に関してはほとんど適用例がないのが実際でございまして、刑事事件としては昭和40年の古い最高裁の決定があるのみです。平成期に入ってから、不正行為に関するいくつかの民事事件で157条違反の主張がされたりしていますけれども、これが重要な争点になっている事案はないというのが実際でございます。158条について見ますと、風説の流布に関する事案がいくつかありましたが、偽計、あるいは暴行・脅迫に関する事案はほとんどありませんでした。つまりこれまでは、157条も158条も抵触が問題になるような事案は出てこなかったというのが実際でございます。しかし、これは武井先生もご論文で書いておられますけれども、近年、当局が158条で偽計を用いて摘発をしていくということが起こりまして、そうなりますと、いよいよ157条と158条とはどういう関係に立つのかがクリティカルになってくるということでございます。

このような状況を踏まえて、本日はこの157条と158条を少し掘り下げてみたいということでございます。これらの条文はどのような事例を念頭に置いてでき上がっている条文なのかというそもそも論をしたいということと、157条と158条はどういうすみ分けが可能なのか（あるいは可能でないのか）ということ、そして、今後に向けた示唆について、順次考えていきたいと思っております。

Ⅱ．金商法157条・158条の趣旨

そこで、金商法157条、及び158条の趣旨に入りたいと存じます。レジュメの５ページからでございます。ここからは、皆様のお手元にあるＡ４の条文資料もごらんいただきながら聞いていただければと思います。

まず、金商法158条、歴史的にはこちらが古いので先に参りたいと思います。

１．金商法158条

⑴　大正３年取引所法改正

金商法158条は、戦前の取引所法の32条の4というのが淵源になっております。取引所法自体は、明治26年の古い法律でありまして、取引所の組織でありますとか、取引所で行われる取引に関する一般的な規定が置かれていました。当初は不公正取引に関する規制はなく、この点は全て刑法に委ねられておりました。

ただ、明治の中期から投機的な株式取引が過熱するようになります。当時どのような問題が認識されていたかと申しますと、１つは仲買人、今で言うと証券業者になりますけれども、取引所で取引する仲買人の活動を適正化することが非常に大きな課題になっておりました。実は、これは戦前を通じてずっと共有されてきた問題意識です。もう１つは、取引所において公定相場が形成されるわけですが、これが適正に形成される必要がある、との認識です。その裏側には、適正に形成されてないという認識があったわけですけれども、これが非常に大きな問題とされていました。そのほかにも取引所の役員が仲買人と結託して不公正行為をするでありますとか、取引所の相場を

使って賭博をするような賭場が至るところにあるとか、さまざまな問題があるのですが、大きな問題は以上の２つでありました。

より具体的に申しますと、仲買人に関して問題となったのは呑み行為です。客から受けた注文を取引所に出さないで、自分で向かって取引をする。自ら成立させた売買の価格と取引所の価格にはさやがあって、仲買人が中を抜いてしまう。こういうことが横行していたと言われています。

それから、投資家の不正行為ですが、これは当時の商学の専門の文献を見ますと、例えば新聞紙を買収して新聞に虚偽の報道をさせるとか、複数の仲買人と結託して、売りと買いを同時に出して価格を人為的に形成してしまう。これは、今ですと完全に相場操縦ですが、そういったことが横行していたということが記録として残っています。

当時、これらに対応しなければいけないという問題意識が上がっており、明治40年ごろからそのための研究会等を組織しまして、大正３年の取引所法改正につながった。こういったことが記録としては出てきております。

レジュメの６ページは、当時の国会における審議でどういう説明がされていたかということですが、当時の取引所は、とにかく価格の高騰や暴落が起こりやすい市場だったということが言われております。それは当然で、そもそも取引のロットが小さいのと、当時の取引所の取引は基本的に全て先物で現物の取引はほとんどありませんでしたので、比較的高騰や暴落が起こりやすい市場だったわけです。それを意図的に動かすために、さまざまな手練手管、すなわち「往々にして虚偽の風説が流布されたり、偽計が用いられたり、暴行・脅迫が行われたりする」と言われておりました。個人的には、そもそもなぜ暴行・脅迫というのが入っているのかと思ったのですけれども、恐らく投資家が仲買人や取引所の関係者に対して、こういう行為を行う例があったのだろうと推測しております。今の取引所や市場の取引で、暴行・脅迫というのはなかなか想定ができませんので、これは明治時代の特殊な事情と関連しているのだと認識しております。

こういった問題認識のもとで、大正３年の改正取引所法32条の４が成立したということでございます。なお、その改正で、呑み行為の禁止も制定されております（同法25条）。

この当時の取引所法32条の4はどういう趣旨の条文だったのかということが、レジュメの7ページでございます。今申し上げたことの繰り返しになりますが、まずは公定相場を形成する組織として取引所の機能を適正化していく。これが抽象的なレベルでの趣旨でございます。要は、意図的に相場を操る行為をコントロールしたいということです。

また、規制の名宛人でありますが、条文上は「何人も」とされております。これはもちろん、公定相場の形成にはさまざまなファクターがかかわってきますので、「何人も」でいいのだろうと思いますが、ただ、当時の議論を見る限り、この条文で想定されているのは、基本的には投資家です。要するに、株式であれ商品であれ、売買をする当事者が相場に何らかのアクションをかけていく場面を念頭に置いて条文をつくっていたということがよくわかります。

規制対象となる行為は、虚偽の風説の流布、偽計、そして暴行·脅迫です。このうち偽計というのは、欺罔より広い概念でありまして、欺罔はもちろん含みますし、人の不知に乗ずるとか、錯誤を利用するとか、いずれにしてもかなり広い概念であります。刑法の偽計業務妨害罪とほぼ同じ時期に入っている条文ですから、恐らく同じ意味の概念として入れているのだと思います。

以上が条文の趣旨でございます。ただ、戦前の裁判例を見る限り、この32条の4を適用したという事案は見つけられませんでした。

⑵ 昭和22年証券取引法の制定

戦後、この条文が少しずつ変わっていきます。最初が、昭和22年証券取引法になります。これは、戦後早々、取引所法を改正して取引所を再開したいという動きが出るのですが、GHQからなかなかオーケーが出ない。そこで、早々に政府は諦めて、アメリカの証券諸法を見て、それに準じた法律をつくろうということで制定したのが昭和22年証券取引法でございます。

アメリカの証券諸法を入れたことの影響は、発行開示に関する規制を入れたとか、証券取引委員会を設けたとか、そのようなところにあるのですけれども、不公正取引規制に関しては、ほぼ戦前の規制を引き継いでおります。具体的にはこの条文資料をごらんいただければわかりますが、昭和22年証券取引法に86条1号という規定があります。従前から何が変わったかと申しますと、冒頭に「有価証券の募集若しくは売出のため」という文言が入りまして、発行市場との関連で虚偽の風説を流布し、偽計を用い、暴行・脅迫を使うと規制の対象になりますということで、これが証券取引法の立法趣旨と結びつけられている部分であります。ここが1つ肝かなと思っております。

取引所法32条の4では、取引所の相場形成機能を保護するというところに非常に重点が置かれていたわけですが、「有価証券の募集若しくは売出のため」という文言が入りますと、発行市場をどう機能させるかというところが保護法益として入ってきますので、より一般的な不公正取引規制に近づいていくという側面がございます。以上のとおり、この昭和22年証券取引法では、取引所法よりも規制の範囲は広げられていて、かつ、条文の趣旨も少し変わってきているところがございます。

また、昭和22年証券取引法の段階では、現在の金商法の157条（一般的な不公正取引規制）や159条（相場操縦規制）は入っていません。ですから、昭和22年の段階では、不公正行為は、およそこの86条1号で取り締まろうと考えていたというのがわかります。現在の158条が一般的な不公正取引規制として読めるということの根っこは、ここにあるのではないか、と私は思っております。

ただ、この昭和22年証券取引法はほとんど施行されず、証券取引委員会の部分だけが施行されて、すぐに作り変えられてしまいます。これは当時のGHQの指示によるもので、あまり資料等も残っていませんし、理由もはっきりしないところが多いのですけれども、恐らくは、GHQがより証券民主化にかじを切れるよう、アメリカの証券諸法に近い内容で書き直したかった、ということがあるのだと理解されています。

(3) 昭和23年証券取引法の制定

かくして昭和22年証券取引法は昭和23年に全面改正されるのですが、ここに至って、規定の内容は現在とかなり近い形になっていくわけです。

まず、趣旨に関してはレジュメの9ページにございますが、証券取引法を徹底的に自治的性格のものにし、かつ、罰則については全般的に整備強化していくことになります。金商法158条に連なる規定に関しましては、先ほど発行市場に関する文言が入りましたけれども、さらに「売買その他の取引のため」という文言が入ることで、流通市場における風説の流布、偽計もしくは暴行・脅迫も対象となりました。また、風説の流布から「虚偽の」という表現が落ちましたので、この適用範囲がさらに広くなったということでございまして、ここに至って197条1号は、完全に不公正取引を一般的に規制し得る条文として掲げられたわけでございます。

ここからが理解の難しくなるところですけれども、この昭和23年証券取引法では、現行の金商法157条に相当する条文が入ります。当時の58条です。罰則のところにも197条2号が置かれて、風説の流布等と同じ罰則がかかるようになります。また、相場操縦の禁止規定（当時の125条）も入りまして、これと197条1号とがどういう関係に立つのかも問題になるようになったわけです。

このように昭和23年証券取引法に至って、金商法158条の原型ができる。他方で、同時に157条のもとになる条文も入り、相場操縦の条文も入る。そして、これら相互の関係性はいよいよわからなくなってきた、ということになります。

2. 金商法157条

(1) 連邦証券取引所法10条

さて、ここで一旦158条を離れまして、次に157条のほうを確認したいと思います。こちらも皆様ご承知のところかと思いますが、1934年連邦証券取引所法10条・規則10b-5と結びついている条文でございます。この点は、萬澤先生がすでにご研究をされているところでありまして、そちらを参照させていただいたのですが、この連邦証券取引所法10条・規則10b-5につきましては、有価証券の売買と関連した相場操縦的あるいは詐欺的策略・計略の使用の禁止が目的となっておりまして、皆様、よくご存じのところかと存じます。

これをもとにしまして、健全な証券取引所の創設を目指すということがあったわけですが、この条文がそもそもなぜ入ったのかにつきましては、有価証券の売買の売主のみならず、買主もこの詐欺の対象にできるようにするためである、と説明されています。すなわち、売主に関しては前年の証券法の17条a項で既に対応が可能であったわけですが、この条文では射程におさまらない買主をこの連邦証券取引所法の10条で対応したい、あるいは規則10b-5で対応したいということであったわけです。

ただ、アメリカの条文も基本的に我が国の規定と同様でありまして、欺罔のための策略・計略を使ってはいけないとか、重要な事実の不実表示をしてはいけないとか、重要事実を述べないでミスリーディングな言明をしてはいけないとか、いずれにしても非常に抽象的な文言であることは変わらないわけであります。

それでも、アメリカでこれがよく使われるようになったことにつきましては、萬澤先生のご研究のとおり、証券詐欺に関するブルー・スカイ・ローの解釈が蓄積しておりましたので、これを連邦の証券規制においても参照することによって、適切に対応していくことができるようになったという理解がされております。これを踏まえまして、我が国の当時の証券取引法58条という条文ができ上がります。

⑵ 昭和23年証券取引法58条・197条2号

かくして同条は、連邦証券規制を基礎として、当時の非常に強い投資家保護を求めるGHQの影響下で置かれたと理解されています。鈴木竹雄先生は、「GHQが全部条文を書いたんだ」とおっしゃっています。ただ、なぜわざわざこの条文が入ってきたのかということは、私が調べた限りでははっきりはわかりませんでした。この条文は「証券会社」の章に入っておりまして、当時の国会の審議でどれぐらい触れられているかも見たのですけれども、同章に関する議論はほぼ65条の銀証分離に集中していて、58条についてはほとんど触れられていないというのが実際でございます。

レジュメの12ページをごらんいただけますでしょうか。昭和23年証券取引法の58条がどういう理解をされていたのかということを少し確認したいと思います。

そもそもこの立法趣旨がはっきりしませんので、これは推測する以外にないというところもあるのですが、まず1つの手がかりは、繰り返しますとおり、一般的な不正行為禁止規定が「第3章　証券会社」という章に置かれたところかと思っています。つまりこの条文が、証券会社の行為規制の中に入り、加えて刑事的な罰則規定を設けるという形で置かれている点です。

では、なぜ証券会社の章に置かれたのか。これは、一部には、ほかに適当な場所がなかったから第3章の中に58条として置かれたのではないかという指摘もあるところでございます。たしかに、そういう理解もできなくはないと思いますが、今回私は、少し違う理解ができないだろうかと考えてみました。

先ほど申し上げましたとおり、証券取引に関する不正行為というのは戦前から非常に問題になってきたわけですが、この不正行為には大きく2つのカテゴリーがありまして、1つは取引所法32条の4で対処された、投資家の側が用いるさまざまな不正手段。もう1つは、仲介業者や仲買人——ある時期から取引人と呼ばれるようになりますが——の不正行為。このうち、投資家が行う不正行為に関しては取引所法の時代から対応がなされているわけですが、仲介業者が行う不正行為については、呑み行為禁止規定はあるものの、それ以外はありませんでした。そこで、そのための不正行為規制として、GHQから降ってきた条文を意図的に位置づけたのではなかろうかというのが、ここでの仮説です。

つまり、一方で一般的な不正行為の取締規制がある。これに重ねてもう1

つ、GHQから一般的な不公正取引規制がおりてきた。そうすると、これらをどう位置づけるかと考えたときに、もとの取引所法の規定は投資家を念頭に置いて、これを実質的な名宛人として考えている。そうであるとすれば、もう1個GHQからおりてきたものについては、証券会社を名宛人として考えればよいのではないか。そうすれば、文言としては同じところを規制範囲にしているように見えるけれども、名宛人が違いますから守備範囲が変わるわけです。私は、昭和23年証券取引法の立法者が、意図的に規制範囲をそのように分けて、58条に置いたのではないかと理解したいと思っています。

3．平成4年証券取引法改正における体系的整序

レジュメの13ページをごらん下さい。少なくとも昭和23年の証券取引法が制定された段階では、58条と197条1号は同じようなところを規制対象にしているけれども、実際にはその対象は重ならないものとして整理がされ、また、58条にしても197条1号にしてもほとんど執行例がないので、これが具体的に問題になることもない。こういう状況が30～40年間続くわけでございます。

問題になったのは、平成4年の証券取引法の改正からということになります。この平成4年の証券取引法で、不公正取引規制は大きく整序されることになります。

この改正でなぜ不公正取引規制が変えられたかと申しますと、スタートは皆様もご存じのとおり、昭和62年のタテホ化学のインサイダー取引の事件です。しかし当時は、インサイダー取引を直接取り締まる規定がない。58条でいけるかというと、58条は文言が余りにも曖昧で、インサイダーに適用できるかどうかわからない。結局、この事案に対しては正面から規制が及ぼされることがなかったわけです。

これは問題だという認識がすぐに持たれまして、当時の証券取引審議会の不公正取引特別部会が昭和62年にできまして、ここから議論が出発することになります。その後、インサイダー取引規制だけはすぐに設けられるわけ

ですが、その後も不公正取引規制に関しては議論が継続されまして、証券取引法の中に散在していた不公正取引規制に関する規定が「第6章　有価証券の取引等に関する規制」としてまとめられたわけでございます。ただし、この証取審等でなされた議論は、インサイダー取引であったり、あるいは当時問題になっていた損失補填であったりしますので、それ以外の不公正取引規制一般について、何か実質的な内容を変ずるということは意図されていなかったと説明されています。

そうしますと、この平成4年の証券取引法改正で不公正取引規制に関する規定が整序されたことの一番の意味は、それぞれの不公正取引規制の条文の位置づけや意味合いをクリアにしていくところにありまして、それ以上でもそれ以下でもないということになるのだと思います。

ただ、こと57条、158条に関しましては、従来一応の整理なり、すみ分けなりができていたものが、正面から抵触することになってしまったのではないかと理解しております。つまりこの改正においては、従来の58条が157条に持っていかれるわけです。そうしますと、従来、58条は「証券会社」という章に入っていましたから、証券会社を念頭に置いている条文であるかのように見える。ところが、この不公正取引規制一般の中に入れてしまって、これが一般的な不公正取引規制ですとなりますと、「証券会社」に対する規制という衣はまとっておりません。したがって、証券会社に限らず、何人に対しても適用がある一般的な不公正取引規制として、名実ともに位置づけられることになるかと思います。

他方、投資家を主に念頭に置いていたであろう158条は、157条の後に置かれまして、個別的な不公正取引規制です、という説明が与えられました。そうしますと、これはまさに個別的な類型に適用される条文だということになる。これは、念頭に置いていた規制対象である「投資家」という衣はそもそもまとっていないのですけれども、前にも増してこの点は不明確になっていく。つまり、誰にでも適用がある条文だということになっていくわけです。

こうして、157条と158条は、それぞれ一般的規制と個別的規制の関係にあるという一応の説明がここで与えられることになるわけです。しかし、既に確認しましたとおり、158条はもともと一般的な規制としてつくられていますので、抵触関係がここで生じるようになったということかと思います。

Ⅲ．金商法157条・158条をめぐる従前の議論

そこで、レジュメの14ページであります。従前の議論が、この157条や158条をどう位置づけてきたかということを少しだけ確認しておきたいと思います。解釈論をするというよりは、条文の関係あるいは位置づけの関係について確認したいと思います。

1．従前の裁判例等

⑴　金商法157条

まず、裁判例ですが、157条に関しては、ご存じのとおり古い事件で、無価値に等しい株式に偽装の株価を付すため、権利移転を伴わない売買を行ったという事案に適用された例がございます。その際に、「『不正の手段』とは、有価証券の取引に限定して、それに関し、社会通念上不正と認められる一切の手段をいう」ということで説明がされております。

それ以外にも、不当な取引勧誘をめぐる民事事件で157条2号の違反があるとか、損失補填をめぐる代表訴訟で、157条1号に違反するという主張がされた事案がありますけれども、あまり法律論に立ち入らないか、あるいはそもそも157条は適用されないという形で解決し、具体的な解釈論等に入って結論を決めるということはなかったと理解しています。金商法157条は課徴金の対象とされていないこともあり、従前の執行例としては、ほぼ以上のもので尽きるかと思います。

⑵　金商法158条

他方、158条に関しましては、風説の流布、偽計、暴行・脅迫という3つの類型がありますが、実際に法の執行例が散見されるようになるのは平成期に入ってからになります。昭和の比較的早い時期に1件、風説の流布の事案

があると報告されていますが、裁判例等で見られるのは平成に入ってからです。また、平成に入ってからも、当初は風説の流布に関する適用例が見られたというのは先ほど申し上げたとおりです。

これが変わるのは平成20年前後――早いのは平成12年のクレスベール証券の事件ですけれども――偽計に関する事案が見られるようになってからです。これは、執行当局が、例えば債券の売付けにおける虚偽の事実の公表、組織再編における虚偽の事実の公表、あるいは架空の増資――架空の増資はそれ自体が虚偽の事実の公表になるのですが――こういったものを偽計に当たるということで法執行していくわけです。

そうしますと、158条に関しましては虚偽の事実が公表されているというところを捉えて偽計を執行しており、これが不正行為であることは間違いありませんから、157条と抵触し得るはずなのですが、この点について裁判例を見る限りでは、何か抵触関係等が問題になっているわけではありません。

2．従前の学説

学説はどういう理解をしていたかというところが、レジュメの16ページです。これも一般的にご存じのところかと思いますので、簡単に済ませたいと思います。

⑴　金商法157条

157条は、法定刑の重さに比して構成要件の規定ぶりが非常に抽象的であることから活用が難しい。ただ、そうはいっても金融商品をめぐる取引は複雑であって変化も激しいし、立法当時予想もしなかった不正行為があらわれる可能性もある。157条は、そういう緊急時に対応できる条文として、不正行為を包括的に禁止する一般的規定として、また新たなタイプの不公正な取引を規制するものとして理解する。この説明は、近藤先生、吉原先生、黒沼先生の共著から持ってきましたが、かつて近藤先生がこういった論文を書いておられるのはご存じのところかと思います。

⑵　金商法 158 条

これに対して 158 条はどうであったかということでありますが、平成 4 年の証券取引法改正の際には、一般的な不公正取引規制ではなく個別的な不公正取引規制の類型であるとして、ある程度、特定の局面で機能させるということを想定していたのであろうと思われます。ただ、近時、偽計で当局が摘発する例が挙がってくるようになりまして、そのような状況を踏まえて、この 158 条は連邦証券規制における規則 10b-5 と同様の包括的規定して機能し得るのではないか、そこに意味を見出せるのでないかという整理がされるようになったわけです。これは実際の適用例を見たときにそのように理解できるということですし、そこに積極的な意味を見出していこうということで、私も基本的に賛成であります。しかしそうなりますと、繰り返しの話ですが、157 条との抵触関係を考えなければいけませんね、ということになるわけでございます。

158 条が規則 10b-5 と同じように機能し得るのではないか、という以上の議論は、157 条が適用になる場合を次のように説明します。すなわち、風説の流布もなく、相対で行う偽計行為も、あるいは何らかの公表を伴う偽計行為も存在しない場合であって、なお不正な行為がある場合である、と。このあたりをどう考えるのか、最後に考察で見ていきたいと思います。

Ⅳ．考察

そこで、レジュメの 18 ページからの考察に入りたいと思います。

1．考え方の方向性

⑴　昭和 23 年証券取引法

まず、昭和 23 年証券取引法の考え方をもう一回おさらいしておきたいと思います。

金商法 158 条の原型であります旧取引所法の 32 条の 4 、それから昭和 23 年証券取引法の 197 条 1 号は、明治時代の末期に行われておりました具体的な不正行為の類型を念頭に置きまして、投資家による相場変動に向けた行為を主に規制対象としていたわけです。それはとりもなおさず、取引所の公定相場を形成する機能、要するに相場の形成機能を保護するために置かれた規制であったわけです。

これはテクニカルな話ですが、虚偽の風説の流布とか、偽計とか、あるいは暴行・脅迫という文言を用いているのを見ても、明らかに同時期に制定された新しい刑法の業務妨害罪を意識している文言になっております。ただ、業務妨害罪の成立には、業務の妨害という具体的な法律の侵害が必要ですが、それがなくても処罰の対象にできるようにしてあるというところで、ある意味では業務妨害罪に対する特別法として機能し得る条文であると理解できるのではないかと思います。

この規定は、昭和22年証券取引法を経まして、相場変動目的のみならず有価証券の発行市場や流通市場における取引一般にも、その機能を保護するための規定として使えるように変えられていったということかと思います。

これに対して金商法157条の原型である昭和23年証券取引法58条は、そもそもアメリカの連邦証券規制を範にとっていますけれども、我が国が意識的に入れようとした条文ではなく、GHQから降ってきた条文だと思われます。その際、先ほど申し上げましたとおり、これは既にある197条1号との関係で、証券業者の不正行為を取り締まる規定として位置づけることによって整理したと考えられるのではないかということです。

そうしますと、昭和23年証券取引法は望んでそう整理したわけではないのだと思いますが、一般的な不公正取引規制に関する条文を2つ置きまして、1つは投資家の不正行為を取り締まり、1つは証券会社の不正行為を取り締まるということで、名宛人を違えることで整理したのではないかと思われるわけです。つまり当時の58条は、一般的な不公正取引規制の規定という外観をまとってはいるんですが、条文の構造としては証券会社に対する業者規制であり、証券会社に対する一般的な行為規制を行うための条文であったと理解するのが妥当ではないかと思っているわけです。

そこで、はたと思い当たるわけですが、昭和62年にタテホ化学工業のインサイダーの事件が起こった際、58条が適用できなかったわけです。その理由の1つは、もちろん文言の曖昧さゆえに58条が使えなかったということもあります。ただ、もう1つ別の理由として、証券会社を名宛人にしている規定であれば、証券会社ではない者が行ったインサイダー規制にこれを適用するのは難しく、その意味においても58条を使うのは難しかったのではないか、と推測しております。

(2) 平成4年改正証券取引法

次いで、平成4年の改正証券取引法の考え方を改めて整理し、確認したいと思います。この改正で、旧来の58条は157条という現在の位置に動き、従来の197条1号は158条という場所に置かれるようになりました。その結果、それぞれの条文が念頭に置いていた名宛人から切り離されることになって、どちらも一般的な適用可能性を見るようになりました。そこで、157条は名実ともに一般的な不公正取引規制となりましたし、158条に関しましては、一般的な不公正取引規制である157条との関係で、適用範囲は個別的、具体的に定められている条文であって、一般的な適用は一応考えていない、という位置づけになったわけです。

2．金商法158条の適用範囲

(1) 金商法157条との関係

そこで、レジュメの20ページに参ります。平成4年の改正証券取引法は、不公正取引規制の体系的整序を行いまして、157条と158条との関係は非常に明確になったように見えます。しかし158条は、有価証券取引等に関する偽計を規制対象に含んでおります。この偽計というのが非常に広い、かつ曖昧な文言でありますから、一般的な適用可能性を有しておりまして、これは本来、158条に埋め込まれている遺伝子なのだと私は思っております。

では、どう考えればいいか。ここで平成4年の改正証券取引法の考え方を尊重し、157条は一般規定である、158条は個別的な規制であるということであれば、個別の事案の解決に当たっては、まず個別的規制である158条を適用するというのが――それが必然の選択ではありませんけれども――恐らく自然なんだろうと思われます。157条は、あくまでも158条以下の規定を適用したのでは解決できない場合の補充的規制であって、157条は通常の場合には基本的に出てこないということになるのだろうと思います。

⑵ 補論・金商法159条との関係

なお、ここに補論として、159条との関係を書いておきました。158条に関しては個別的な不公正取引規制という形で位置づけられていますし、実際そうであるがゆえに優先的な適用を見るべき条文なのですが、159条との関係を考えておいたほうがいいだろうということで、ここに補論を書いておきました。

なぜ159条との関係を考えるのかと申しますと、158条は、相場変動を目的とする行為を規制対象として含んでおりますため、159条との関係が一応問題になり、適用範囲の重複が生じ得るからであります。159条は、相場操縦規制で、市場の価格形成機能の保護であったり、あるいはそれを信頼して取り引きする投資家の保護であったり、といったところが保護法益になっているわけです。159条は、市場における有価証券取引には常に市場価格の変動の可能性があるので、1項で、取引が繁盛に行われていると他人に誤解させる等、これらの取引の状況に関し、他人に誤解を生じさせる目的とか、2項で、人為的に操作された市場価格に投資家を誘引する目的とか、目的要件を置いて規制対象を明確化しているわけです。つまり159条は、相場を変動させる行為自体では違法性を基礎づけ切れず、目的要件がないと違法性を基礎づけられないという構造になっております。これに対して158条は、実際に相場が変動しようとしなかろうと、風説の流布とか、偽計とか、暴行・脅迫とか、特定の行為類型が規制されていまして、ただ相場変動目的を持っていると違法だということになるわけです。

そうしますと、159条と158条は相場変動に向けた市場の機能保護というところが保護法益になっていますから、保護法益に共通の部分がございます。

159条は、実際に相場が変動したという事実、158条は、相場が変動しなくても、相場変動に向けたある種の未遂行為を独立の犯罪類型にして、これを規制対象にしている。こういう形で一応の整理ができるんだろうと思います。これは余分な話ですが、158条の適用範囲を考えるに当たり、一言触れておいた次第でございます。

3．金商法157条の適用範囲

158条がそのような優先的に適用される条文であって、かつ個別の規定に適用される条文だとした場合、157条の適用範囲はどこになるのかということですが、結論から言うと、私はほぼないだろうと思っています。157条は、一般的な不公正取引規制としての位置づけがされておりますので、158条の適用範囲に入らないものが157条でカバーされる。要するに、158条から控除されたものが対象になる、ということになります。

しかし、有価証券取引等のために行われるものでもなく、相場変動目的でもなく、しかし、有価証券の取引のために行われる不正行為とは何か。これは、ほとんど語義矛盾でありまして、恐らく想定できないだろうと思っています。そういたしますと、157条というのは、理念的な規定として理解し、置いておけばよいのではないか。他の法律にも、実際にほとんど適用が想定されないけれども、それでも置かれているという一般規定はある。それは、一般規定の後に置かれた個別列挙規定が非常によく機能しているからなのですが、そういうものはあってよいのではないかということで、157条もそのように理解したいと思っております。

すなわち157条というのは、その保護法益が有価証券の取引の公正を図るものである。これは松尾先生の教科書に書いてありますが、そのように理解できる。つまり、これは158条以下の個別的な不公正取引規制の保護法益を全て包括しうる保護法益を持っている。その意味では有価証券市場、あるいはその取引に関する制度的な保護を目指す理念的な規定であると言えるかと思います。その意味において、この規定はあってよいだろうということです。

また、私はほとんど適用できる事案はないと思っていますが、万が一、複雑な金融商品取引の中で予想もしないような行為があり、かつ158条でも包含できないようなものが仮にあれば、もちろん補充的な規定として機能させる。このような本当に例外的な場合を想定して、157条を機能させるということはあり得るだろう。そうだとしますと、157条というのは158条以下の指導理念を示す規定であり、本当の例外的な事案が出てきた場合の万が一の規定である。ただ、それ以上でもそれ以下でもないので、少なくとも立法論としては今のような1号から3号まで詳細な類型を書く必要はなく、1号だけあれば十分ではないかと思っております。もっとも今、そのような改正をすべき必然性や必要性がどれぐらいあるのかもよくわかりませんので、さしあたり今のまま置いておいても何も困らないかなと思った次第でございます。

本日の話は、皆さんには既知のことではないかと恐れているのですけれども、私からのご報告は以上でございます。

討　議

神作会長　大変貴重なご報告をどうもありがとうございました。それでは、ただいまの松井先生のご報告に対しまして、どなたからでもご質問、ご意見をいただきたいと思います。

武井委員　とても興味深い貴重なご報告を誠にありがとうございました。私の名前がご報告の中でありましたので、最初にご発言させていただきます。158条は一種の日本の10b-5として機能しつつあると言うことを確かに以前論文で寄稿させていただきました（武井一浩＝石井輝久「日本版10b-5としての金商法158条（上）（中）（下）」商事法務1904号～1906号）。最初のコメントとしまして、157条と158条との関係を見るときに、158条は課徴金の対象とされて、157条は課徴金の対象とされていないのですね。そこの立法判断の過程で、157条、158条というのは既に何らかの使い分けが意識されていたということはないのでしょうか。なぜ158条だけ課徴金の対象になったのかですね。

もともと157条も158条と似たような条文になっています。課徴金の対象とするには一定の算式が必要で、158条も結局、偽計とかに基づく何らかの株の売買があったときの額で算定されています。偽計を用いたというだけだと金額が出る行為でもないので、何らかの行為を見て、最後、課徴金の額を出しています。その構造は157条も158条も変わらないわけです。なぜ158条だけ課徴金の対象にしたというところで、157条と158条との役割分担に関する何らかの立法的な判断があったのかなというコメントです。

松井報告者　私も当時の判断は必ずしもつまびらかではないのですけれども、恐らくこの158条の「偽計」について、金融庁は具体的な適用の例は考えていたはずなのです。と申しますのは、虚偽の事実の公表というところをメルクマールにして摘発していますので、この点を前提にして、実際に取引が行われた場合にリンクさせていった。それぐらいの具体性があれば、課徴金の制度を入れて執行することもできる。多分、そのような金融庁のストーリーがあったのではないかと思うのです。これに対して、157条はそこまでの具体的なイメージがつくられず、実際にそれを使って執行しようとも思っていなかったのではないでしょうか。ある意味、先生のおっしゃるとおりだと思うんですが、課徴金を入れる際に具体的な行為を想定していたかどうかということがあり、想定されなかった157条は、その段階で理念化したのではないかと思うわけです。そもそも157条というのは、具体的なイメージがつくれるような形では書かれていないものだと思います。

武井委員　158条の課徴金はいわゆるハコ物企業をめぐる不公正ファイナンスで適用されているわけですが、何で158条のほうが選びやすかったのか。

松井報告者　松尾先生に聞いたほうがいいのかもしれませんね。

松尾（直）委員　私は平成16年証取法改正は担当外なので推測でしかないんですけれども、一般的にはできるだけ広く入れたかったんでしょうが、例えば継続開示とかも入れられなかったですよね。あれはご承知のとおり、内閣法制局との関係でしょう。武井先生が言ったとおり、偽計の内実は虚偽なんですよね。金商法あるいは証券取引法で言う虚偽は、単に事実に反することでいいんで、説明しやすい。157条は、２号とか３号には「虚偽」があるんですが、１号は「不正」で、不正ってよくわかりませんねということで、内閣法制局にうんと言われなかったんじゃないかという気がします。

ただ、記憶だと、証券取引等監視委員会は当初、課徴金が入った施行が17年４月ですよね。案件がないということで非常に苦しい時期を過ごしたことがあって、それからすると何か具体的な案件があったとは思えないんです。最初の課徴金事件の摘発はインサイダー取引でした（平成18年１月）。当時の誰とは言いませんが､先輩が課徴金案件を仕込めなくて「いや困った、困った」と言っていたように記憶しています。

そもそも第１号事案をいかに上げるかが課題だったわけで、何か具体的な案件が念頭にあったとは思えない。内閣法制局に、こうこう、こういうのがあると言って説明したのかもしれませんが、その立法資料自身、私は見たことがないのでわかりません。そういうことで入らなかったのかなという推測です。

松井報告者　武井先生と石井先生のご論文で、偽計というのは比較的概念が固まっているところであって、その分だけ使いやすいという話とつながるのかなと、今、松尾先生のお話を伺って思った次第です。

中東委員　松井秀征先生らしい、ダイナミックなストーリーのあるご報告を楽しく拝聴しました。最後のところで書かれている157条の役割が、万が一ということで理念的な規定だという位置づけを新しく与えたところは先生ならではであると思うのですが、16ページの近藤先生の一般的な理解との関係で､「金融商品をめぐる取引は複雑であって変化も激しく、立法当時予想もしなかった不正行為が現れる可能性もある」あるいは「新たなタイプの不公正な取引を規制するものとして理解する｣という字面だけを追っていくと、先生の整理とそう大きく変わらない感じもいたします。その点について、どのように理解していらっしゃるのでしょうか。

松井報告者　近藤先生がおっしゃるようなお話自体は、私も全く賛成です。

ただ、近藤先生は、過度の期待はできないけれども、ある程度157条の適用される事案はあり得るだろうというのを想定して書かれているように私は理解したのですが、実際には158条の構成要件の書き方を見ると、予想もしなかった不正行為を157条ですくい上げなければいけない場合というのは、多分ないだろうと思っています。ですから、近藤先生の考え方は受け入れつつも、157条は不公正取引規制に関する一般的、指導的な理念的規定としてしか機能し得ないのではないか。これが私の157条の見立てということになります。

中東委員　先ほどの課徴金の話とも関係して、なるほどと思いました。ありがとうございます。

増井理事長　こういうところで発言するのはいかがかと思いますが、課徴金のことですが、私が総務企画局長のときに法案が成立したものです。国会答弁でちゃんと答えられない局長みたいな感じで大変お恥ずかしい話です。

先ほど松尾先生がおっしゃったとおりだと基本的には思います。課徴金を入れるときに私どもはどういう議論をしたかというと、課徴金制度を入れること自体が大変難しかった。法制局との関係で、私も当時の法制局長官に随分怒られました。制度としてなかなかなじまない部分もあった。細かいことは三井君がやっていましたので、私もよく覚えてないんですが、基本的な方向として、何か問題になる事案が具体的にあったからどうしてもこれを入れたいというよりも、小さく産んで大きく育てたいという気持ちがあったものですから、議論がありそうなところは、課徴金の対象から外して、誰もがしようがないよねと思うものについて、とりあえず入れようという戦略であったように覚えております。そういうことを私は言ったような気もします。

今になってみると、「何で入ってないんだよ」というのがあるかもしれません。そういう議論があっても、課徴金を入れることがまず大事だということを当時は考えていました。その後は何回か改正はございますけれども、初めはそういうことであった記憶がございます。

弥永委員　157条のほうは難しいので、158条のほうについて質問させていただきたいと思います。

昭和22年の証券取引法制定の際に、「有価証券の募集若しくは売出のため」という言葉が入ったことによって、投資家だけがターゲットというわけではなくなったということはないでしょうか。売出しのためはともかくとして、募集のためというと、通常、主体は発行者なのではないかという気がします。そこで、現在の158条に相当する規定が、証券取引法86条1号として設けられた際に、「有価証券の募集若しくは売出のため」という文言が追加されたことによって、仮に有価証券発行者がここでの主体として想定されるようになったとすると、現在の158条と有価証券届出書の虚偽記載との関係はどのように考えられるか、その辺が気になるので、松井先生のご意見を伺ってみたいと思います。

松井報告者　そもそも「有価証券の募集若しくは売出のため」という文言が入ったかといえば、昭和22年の段階で発行開示規制を入れましたので、それに連動する形でこの文言を入れたということになります。

では、このとき規制対象が誰なのか。この点については、先生がおっしゃるとおりで、これに関連して投資家が何かすればむろん対象になりますが、発行体が規制対象として考えられていたということは十分あるだろうと思います。さらに、これにかかわる証券業者等がいれば、それも多分規制対象になったでしょう。昭和22年のときはそれでよかったのです。なぜなら、157条に相当する条文がありませんでしたので、86条1号（現在の158条）で全部網をかけていた。恐らくそう考えていたと思うのです。

虚偽記載との関係はどうかというと、今言われてなるほどと思ったのですが、恐らく適用対象としては重なりますね。虚偽の情報を開示しているということで言えば、ある種の偽計であり、かつ募集・売出しのためそのものでもあるし、相場に影響を与えようともしていますし、多分どちらでもいけるという話になるだろう。ただ、当時そこをどこまで意識していたかと言われると、私が今回調べた限りでは議論もありませんので、余り意識はされていなかったのかなと思います。

河村委員　ご報告ありがとうございました。大変参考になりました。

1点だけ質問させていただければと思います。157条が使われる場面が余り想定できないという点です。例えば犯罪行為によって内部情報を得て、それで取引をするという行為の場合、欧州だとインサイダー取引規制の対象になっていると思いますが、日本だと166条とかではなくて、157条とか158条の適用可能性を考えていくことになるかと思います。先生のお考えだと、このような行為は、157条の不正の手段・計画・技巧ではなくて、158条の偽計の中で捉えていくことになるのでしょうか。偽計という用語を157条の不正の手段・計画・技巧とほとんど同じように考えて、158条のほうで考えていくというお考えになるでしょうか。

松井報告者　先生のご指摘で、私の考えが至ってないとわかって、本当にお恥ずかしい限りですが、今、河村先生がおっしゃった例であっても、私は158条でいけるのではないか、と理解をしております。もともと158条の偽計というのは、刑法の業務妨害の規定にある偽計を借用している条文と私は理解しております。そもそも刑法の偽計業務妨害と158条の偽計は別のものであるということになればまた別なんですが、基本的な偽計の理解は通ずるのだと考えますと、偽計というのは、他人の無知、錯誤を利用する行為も含まれます。内部情報に関して言えば,取引の相手方は知らないで取引をする。市場を通じての取引となりますから、相手方は当然知らない。その中で読む込むことはできるのではないかと思うわけです。

ただ、そうは申しながらも、お話を伺いながら、ちょっと厳しい面もないではないと感じています。そうしますと、ひょっとしたら157条の例外的事例というところで読むのはありかなとも思います。この点について、すぐに結論が出せるわけではないですが、基本は158条で考えていくべきではないかという感じはしています。

神作会長　今の指摘に関連して一点ご確認させて下さい。158条の「相場の変動を図る目的」というのは、インサイダー情報を使ったときの取引に相場変動の目的というのは認められると考えられるでしょうか。そうではなく前段の「有価証券の・・・売買その他の取引等のため」に当たる場合とすると、重要事実自体を犯罪行為によって取得したり、重要事実の伝達や取引推奨等をしたりする行為自体までは含まれないということになりそうですね。

松井報告者　基本的にはないと思います。むしろインサイダーとの関連で158条を使う場合には有価証券の売買その他の取引のためというところで読んでいくのかな、と理解しております。

飯田委員　今の流れに乗ってですが、偽計に関して、黒沼先生が学説として、二段階買収の強圧的買収について、金融商法157条違反だという説をとっておられます。強圧的二段階買収の場合、まさに何も事実を隠さずに、一段階目は100円で公開買付けを行い、二段階目は50円でキャッシュアウトすると公表して行うわけです。このように、完全に情報をオープンにしてする行為は、それを不公正行為と評価するかどうかは別論ですが、仮にそこを受け入れるとすれば、157条と158条の使い分けという意味では、さすがに偽計とは言えないのかなと思いましたが、そういう点についてはいかがでしょうか。

松井報告者　おっしゃるとおりで、ご指摘のような事案が158条の偽計では包括できない類型であることは間違いないだろうと思います。157条が難しいのは、「不正の手段」の「不正」のところで価値判断をしなければいけない。157条で考えている「不正」とは何ぞや、というところで議論になっていくのかなと思います。

157条の不正について、最高裁は、社会通念上、不正と認められる手段全て、としていますから、具体的には何も言っていません。では、学説はこの不正をどう理解しているかというと、多くは何らかの欺罔の契機を持ってきていると思います。連邦証券取引所法の10条なり、規則10b-5なりを参照して、欺罔というところを重視している。あるいは重要な表示の不実性みたいなことを言っているところもある。そうだとすると、果たして今、二段階買収で情報が全てオープンになっている場合において、157条の規制対象にしていいのかどうか、ちょっと議論が要るかなという感じがするのですが、いかがでしょうか。

飯田委員　金商法には公開買付規制がありますから、個別規定において規制されてないことについて、果たして157条の不正と評価できるか、私は疑問を持っています。強圧的な二段階買収という手法やより一般的には公開買付けの強圧性の問題が、従来全く知られてこなかった新しい不正の手段であるならばともかく、こういう問題があることはかなり広く知られてからかなりの時間がたっていますので、公開買付規制において正面から対応する規制を用意しようと思えばできるのに、そうはしていないという立法の状況を考えると、157条違反と評価するのは難しいのではないかと思います。この点については、私は必ずしも黒沼先生と意見を共有していません。

藤田委員　さっきからの議論の流れは、金商法157条と158条の関係、特に158条から見てどんな場合が落ちることになるかという話だったと思います。２点質問があります。まず157条では拾えても158条に当てはまらない例として、具体的なものをひとつお聞きしたいのが１点です。もう１つは、158条と159条の関係についても報告されたので、その点について質問させていただければと思います。

157条で拾えるかもしれないけれども、158条に当たらないかもしれない例として、たとえば発行会社が将来自社の株価が確実に下がるだろうと知った上で、現在の市場価格で新株発行をするという行為です。これはインサイダー取引には当たらなくて、157条１号の「不正の手段」では読めるかもしれないけれども、158条の「偽計」で読むのはちょっと難しいかなと思えるのですが、そうでもないのでしょうか。それが１点目の質問です。

２点目は、159条との関係です。整理の仕方として158条が抽象的危険犯的なもので、相場変動が生じなくても適用されるという点が特徴だと整理されたようですが、159条２項３号の表示による相場操縦は、現に変動したことが要件になっていないのではないでしょうか。これは単純に虚偽の表示をすればアウトな規定と思っていました。そう考えると、違いは、既遂、未遂じゃなくて、つまり相場変動が起きたか否かではなくて、159条は誘因目的で切っていることから、個別の投資家保護的な発想なのか、抽象的な相場の秩序の維持なのかという、保護法益の違いなのではないでしょうか。

松井報告者　後者から申しますと、私も、159条に関しては雑な議論をしていて申しわけない限りです。そもそも158条と159条は、完全に重なってしまっているところがある。ただ、整理をすれば、158条については相場の変動についての抽象的危険犯的な位置づけをし、159条に関しては、実際に相場の変動を生じている場合であると整理できるだろうと考えていました。ただ、先生がおっしゃっている159条２項３号は、今私がやったような整理では整理できませんし、158条と重なり得るところではないかと思います。

また、整理の仕方として、具体的な保護法益の保護の仕方の抽象論、市場一般になるのか、個別の投資家を意識したのかというのは、あり得ると思いますが、158条も159条も、そこで何をもって区別していくのか、私もなかなかにわかには申し上げられません。158条も159条も非常に文言の抽象度が高く、最後はマーケットの保護ということになっていってしまうのかなと思っています。結局のところ、もともと158条も159条も相互に整理して入ってきている条文ではありませんので、もう一回そこの整理の仕方をそもそも考えなければいけないというのはおっしゃるとおりかと思っています。

前者に戻ります。発行会社が株式を売る際に、下がるとわかっているということは、下がるとわかっている内部情報があるということですね。そうすると、開示の義務を怠っていて発行する場合になりますか。

藤田委員　現在のその会社の株価が、内部者の目から見たら、何らかの事情によって明らかに高過ぎる状態にあるというケースだとしても、それだけでは当然に開示義務はないですね。そういうケースを想定したらわかりやすいと思います。

松井報告者　先ほどの飯田先生の質問とも関連しますが、158条の偽計の問題には当然ならないとしても、157条の不正行為になるのかというと、それを不正という形で捕捉しなければならないのかどうかということになると思います。投資家に対して開示の義務が課せられないような情報は、どれだけ投資家に対して出すべき必要な情報かというのはにわかには判断できない。そうすると、157条の不正行為だと断じて法を執行しなければいけないかと言われると、今、先生からいただいたお話の限りだとちゅうちょがあります。

藤田委員　例えば、誰かが相場操縦的な行為をしていてつり上げている。一部発行者もそれを知っていて、あえて「おっ、ラッキーだから、この高い値段で時価発行しよう」とした場合に157条は問題となるのではないかと思います。158条は知りませんが。もちろん余り実例はないようなケースだとは思いますが。

松井報告者　今の例でいうと、私は偽計でいきたいですね。情報の格差があって、情報の格差を利用するという行為は偽計がかなり想定している場合です。積極的な欺罔行為はないわけです。明らかに一部の人間だけが知っていて、一部の人間が知らない情報があって、それを利用する行為は、本来、偽計が考えていた類型なので、158条で捕捉できるのではないでしょうか。

武井委員　二度目をすいません。158条がよく使われたのはいろんな時代の背景があったと思います。課徴金の対象になったことも大きいと思います。さっき申し上げたハコモノ企業をめぐる不公正な行為にとても重要な役割を発揮しています。ハコ物企業は本当は上場市場から退出したほうがいいのでしょうが、退出手段もないときに、反社的なり共生勢力とかフィクサーが巧みに寄ってくる。その際にフィクサー等の側が、当該上場会社の一般株主・投資家を犠牲者とした、不公正な手段を使うことがあります。

古典的には、いわゆる見せ金です。会社法上の見せ金の規制だけでは不十分というか、資金調達目的を開示して第三者割当増資をしたけれども、その後、その資金調達目的は実現性がなく、またフィクサー等は会社から金を抜きます。また取得した株を市場で換金します。何か良いスポンサーがついたかと思って一般株主がその会社の株を買う。要は、株を簡単に取得できて、かつ取得した株を売り抜けてしまう不公正さは、虚偽記載とかインサイダーだけでは対応しきれないわけです。最終的被害者は、その会社の一般投資家たちです。158条はこうした見せ金的な第三者割当で使われています。

あと株式交換ができるようになって、連れてきた会社の価値を高く見せて、株式交換をしてたくさん株をもらうこともできます。先ほどの見せ金のようにお金をぐるっと回す必要もなく、簡単に上場会社の株を取得できます。これも158条で摘発されています。

こうしたハコモノ企業とその背後にいる一般投資家を食い物にする行為ですね。フィクサー等の側にも簡単に株が手に入りますので、利益を上げやすい。こうした行為を広く取り締まるものとして158条は重要な役割を現に果たしています。誰かに対する偽計じゃなくて、一般投資家への偽計ですので、課徴金が入ったことも相まって、使うべき場面が相当あるのだと思います。

今の一連の話は上場株を渡すことに伴う事例なので、今日は金商法研究会なので少し余計な話なのかもしれませんが、今の会社法改正で、現状では株式は有償発行でしか発行できないところ、役員報酬としての交付については無償発行を立法で明記するという議論があると理解しています。この場合についても、偽計の手段として活用されないよう、留意すべき場合があるかもしれません。

話を元に戻しますと、158条は法律が想定していないところを広く拾っているとても重要な機能を果たしていて、今も果たしているということなのだと思います。先ほどの例にしても、たとえば株式交換という手法・手段自体は社会的にとても意義のある行為であり、偽計に該当するのは巷の事例の中でも極めて限られた場合のことなので、事前規制と事後規制との役割分担・関係の話でもあります。

松井報告者　会社法としては、一定の目的があって、ある仕組みをつくる。それで会社法として役割を終える。会社法の中で濫用を縛るようなことをするとかえって使い勝手が悪くなる。会社法としては、ニュートラルに制度をつくった後に、濫用的な事例とか、利害関係が損なわれるような事例が出てきたときには、金商法がそれをセーフガードとしてすくい上げていく。そういう形で整理をしていくことになるのかなと伺いました。

158条は、もともとそういうことは余り想定してなかったと思うのです。

会社法が重厚な規制をもっていましたし、いろいろ厳しかったからですが、会社法が軽装備になればなるほど、金商法による事後的な処理の役割が上がっていくのだと理解しました。ご指摘の点は興味深い点ですので、今後もう少し掘り下げたいなと思います。

武井委員　事前規制からの脱却の流れの中で、どこまでを事前規制でやるか。事後規制との役割分担の話でもありますね。

松井報告者　金商法に持っていくことによって、執行機関も変わってきますので、かえって効果的に執行ができる。会社法に委ねるのでは解決できないような解決があるのかなと思います。

松尾（直）委員　松井先生のご報告は、157条1号から3号までありまして、主に1号を念頭に置かれていたと思います。2号は、かなり具体的な構成要件になっています。金商業者の禁止行為に定められている虚偽表示や誤解表示に近い。財産取得要件があるのがちょっと違うんですが、近い条文で、具体的な当てはめは非常にしやすい条文です。ただ、先ほど来議論がありますとおり、業者でない者に対する制裁手段が刑事罰しかないものですから、なかなかということです。刑事罰をかけてもいいような非常に悪質な事例が起きたときに、業者以外の人に対して、157条2号というのは、使い勝手があり得るように思わないでもない。具体的なケースを挙げろと言われてもあれですが、あるような気もしますが、その辺、いかがでしょうか。

松井報告者　ご指摘の点は、私も思っていました。157条は、1号から3号で、大分トーンが違うんです。2号は、おっしゃるとおり、これを使おうと思えば使えるはずの規定で、一時期、平成の早いころに投資家に被害が出たような金融商品の取引事案ではこれを使って、主張していたわけです。ただ、158条との関係でいえば、そのような事案は158条でもいけるので、157条とは適用範囲において完全なダブりがある。つまり、虚偽を利用しているというところで、偽計の方が拾えてしまう。

また、一般の民事事案で当事者が157条の適用を主張している場合、裁判所は、意図的にこれを使うのを回避しているのだと思います。金商業者の説明義務のような話で処理してきていますので、ここに余り踏み込まないで解決してきたというところがあると思います。

ともあれ、松尾先生のご指摘からしますと、157条2号は使える余地がある。きちんとエンフォースメントの手段も含めて整理すれば、使えるでしょう。ただそうしますと、158条なり、既存の裁判でとられてきた解決方法なり、抵触関係を整理しないといけなくなるのかな、とは思います。

松尾（直）委員　一般に行政当局は、使えるものがあればいい、何でも使うという発想で、今、武井先生がおっしゃったとおり、157条には課徴金がないものですから、偽計でということになります。でも2号は偽計より具体的な構成要件なので、使い勝手はいいはずです。構成要件の事実認定だけからしますとね。ただ、そういう刑事罰を科してまでという事案が実際にはないのかもしれません。

文献に書いてあるものが一切なくて、立法過程で思い出したんですが、課徴金を最初に入れるときに、今の金融審議会はすごく細かい議論をしていますが、当時の大森市場課長が事務局の金融審議会第一部会では、制度設計の細かい議論はされていなかったように思われます。課徴金については、平成15年10月17日会合で、当時調査室長だった三井さん（現在は金融庁企画市場局長）が説明しています。その後、同年11月21日の会合における「市場監視機能・体制強化」の一環として、論点が議論されていますが、抽象的な議論にとどまっていたように思われます。当時は、経済界がバスケット条項の廃止などインサイダー取引規制の構成要件の明確化を求めており、むしろこの論点の方が注目されていたように記憶しています。

実は金融庁内部では事前に勉強していまして、公表されていない証取法のエンフォースメント強化に関する勉強会を三井さんがつくって、私もメンバーだったんです。学者の先生も入っていて、会社法の先生というよりは、行政法や刑法の先生が入っていました。あとは野村総研に委託して海外法制、特にアメリカのものを調べていました。大崎先生が金融庁に来られてプレゼンされたのを記憶しています。優れた資料で、市場課が金融審議会第一部会に提出した事務局資料のベースになっています。このように水面下で三井さんがいろいろ勉強・検討していて、課徴金の対象となる類型に関する具体的な議論は、金融審議会ではされていません。今の金融審の運営だと考えにくいですが、私はそれでもいいと思っています。金融庁の内部で法制局と調整しながら検討していたという記憶です。

三井さんの勉強会には、刑法と行政法の先生に入っていただいて、刑法は特に二重処罰の問題がポイントでした。そのときは大丈夫だという学者の先生の話でしたが、当時の内閣法制局に頭の固い先輩がおられましたから。

小出委員　全然不勉強なところなので、きょうの松井先生のストーリーをずっと追っていって感じた疑問というか、そういったことを聞かせてください。

先生のご報告では、今の金商法157条、当時の58条が昭和23年に入ったときに、それが証券会社の章に置かれた理由の1つの仮説として、同条の主な名宛人として証券会社を想定していたのではないかとおっしゃったと思います。それが平成4年の改正によって、証券会社の衣はまとわなくなったという表現をされた。

そうすると、昭和23年から平成4年までの間に、当時の58条が想定していたような、証券会社がやってはいけなかった行為とはどういう行為だったのだろうか。仮にその行為が何かあるとすると、それは平成4年に157条が証券会社の衣をまとわなくなった後どこに行っちゃったのかと疑問に思いました。今でも、平成4年までの間に当時の58条が想定されたような行為を証券会社が行った場合は、金商法157条が適用される場面になるんでしょうか。それとも、今は金商業者の行為規制によって全て包含されているとお考えなのでしょうか。先生が仮説を出されたことの位置づけをお聞かせいただければと思いました。

松井報告者　大変重要な点かと思います。証券会社に関する行為規制は、昭和23年の証券取引法でも個別に列挙されているわけです。証券会社に関する問題行為は、基本的にはそこでカバーされます。そういう意味では58条というのは、証券会社の章においても補充的な規定でしかありません。具体的に58条の対象としてこのような行為が念頭に置かれている、というものが、少なくとも立法当初にあったわけではないし、その後の文献を幾つか読みましたが、余りイメージされているわけではないのですね。この規定の適用が本当に正面から問題になったのは、恐らく損失補填の問題で争われたときだろうと思います。

小出先生の最初のご質問との関係で言えば、そういう意味では置き場所がないからそこに来たということなのかもしれません。ことさら、証券会社の章に置いて、証券会社の特定の具体的な行為を取り締まろうと思っていたというわけではないと思います。

現在はどうかというと、もちろん金商業者の行為規制で拾えないものがあれば、157条に来る可能性はなくはない。ただ、金商業者の規定をもう一回きちんと見ないといけないのですが、これでないと拾えないものがあるのか、にわかには思いつきません。むろん、適用の可能性がある、というのはおっしゃるとおりだと思います。

小出委員　今のご回答でなるほどと思いました。その後の業規制の中で、呑み行為など、かつて証券会社が行っていた不正な行為についての条文はできたわけですから、157条が適用される事例はほとんど想定できないと言えば、そうかもしれないというふうに感想としては思いました。

尾崎委員　ご報告の最後で、理念的規定として157条を理解する、位置づける、158条以下で包摂できない不正行為があらわれた場合の規定として理解するとおっしゃっていて、先ほど幾つか、偽計に当たるかどうか微妙なものを不正で拾えないか、何パターンか出てきたと思います。そのときに、偽計のところで情報の格差を利用してというところにかなり注目してご回答されていたと思います。157条の不正に当たるかどうかの判断では、その情報の格差を利用しているかどうかで、不正かどうかの評価をしないといけないという話だったかと思います。

157条の不正というのがかなりわかりにくい概念だとおっしゃっていたこ

との関係で、157条の不正は、158条以下の趣旨から不正かどうかというのを評価するという理解になるのでしょうか。

それと、直前の質問との関係でいうと、証券会社の規制で漏れたものを、もし157条で拾うとすると、158条以下のものを単純に抽象化しているというのとは、ちょっと違う話があるのかなと思ったので、お伺いします。

松井報告者　今のご質問を伺って、先の回答に矛盾があることに気づきました。確かに157条が、158条以下の補充的規定で、一般的規定だとすると、この不正というのは余り狭く読まないほうがいい。先ほど飯田先生からのご質問のときに、この不正は、欺罔の要素が入るのではないかと申し上げたのですが、その点を強く読んでしまうと、157条を理念的な規定と位置づけるということと抵触しうることに今思い至りました。今、尾崎先生のご指摘を受けまして、157条の不正というのは、具体的に欺罔なり何なりのメルクマールを当てないで、最高裁が言うような社会通念上不正と呼ばれるものを含むぐらいにしておかないと多分機能しないのかもしれません。

そうしますと、先ほどの飯田先生からの質問にはね返っていくわけですが、黒沼先生がおっしゃっているような二段階買収のときにはどうなるかという話で、それはそもそも社会通念上不正に当たるのかどうかというところの解釈に行くのだなと、今改めて思い至った次第でございます。先生がおっしゃるとおり、158条以下との関係で157条の不正の意義が決まってくるというように今、思い至りました。

武井委員　ちなみに条文の「デリバティブ取引等」の「等」って、何をさしていましたか。

松尾（直）委員　自分の金商法の教科書の索引にあると思う。自分じゃ覚えてないです（笑）。

加藤委員　33条３項のようです。その後に関連する定義規定があるかもしれませんが。

松尾（直）委員　「等」に意味があるんですよね。「市場デリバティブ取引等」と定義していますから。「又は」以下です。「又は、これに係る２条８項２号若しくは３号に掲げる行為」で、取引自体だけでなくて、媒介・取次ぎ・代理の行為も入れている。それが「等」ですね。済みません、覚えていなかったです。

武井委員　仮想通貨とかでデリバティブ取引が入ってくるわけではないですね。

松尾（直）委員　入らないです。

武井委員　仮想通貨のデリバティブも入らないですね。

松尾（直）委員　金商法の規制対象にならないです。金販法の対象にはなりますけど。だから、金商法のデリバティブ取引の原資産である「金融商品」に仮想通貨を指定するべきと主張しています。

中東委員　先ほどの話の延長かと思いますが、不正の意味をどこまで狭くするか広くするかについてです。157条の規制対象としますと、罰則は197条の一番重たいのになってしまいます。不公正取引のうち、もっと後ろの条文で個別的に規制されているインサイダー取引等がそうですが、軽い方に入らなかったから重いほうで拾うというのはなかなかしづらい感じがします。そういう意味でも松井先生がおっしゃるように、157条は、一番使いにくくて、なかなか見つからないのかなと思います。その辺教えていただけませんか。

松井報告者　難しいのは、刑罰の場合、大は小を兼ねるみたいな話に当然にはならず、法定刑の上限がその行為の悪質性をあらわしているのですね。一般的な規定として理解されているということは、それが補充的な規定にもなりますが、それにしては実際の制裁なりサンクションなりが重過ぎるのです。そこも考えなければいけません。私もきちんと詰め切れてないのですが、おっしゃるとおりかと思います。もう少し考えたいと思います。

松井（智）委員　単なる感想という感じです。今まで出てきたコメントを聞いていて、幾つか、会社法で分担するべきところと、金商法で分担するべきところという話が出ているのかという気がしたので、そこの指摘です。

会社が新株を発行する際に、低い価格で発行した場合に第三者責任がどうなるかという論点があったと思います。高い価格で発行した場合、会社が、より少ない株式で利益を得られるという形で投資家に損失をもたらすものなので、これと157条との関係を言い出すと、経営者が何をすればいいのかというものすごく難しい問題になる気がします。会社法と市場の安定の話はちょっと整理が要るのかなと思います。

一方で、先ほどの無償発行を受けるという経営陣の話は、こちらの157条や158条との関係でどう整理するのかという話も出てきました。利益相反の話が会社法では多分議論になるところであるのに対して、それを市場との関係でどうするか。さすがにややこしい話になって、この時間内でどういうふうに区別するのか、私は整理し切れませんでした。今、いろんな使われ方の可能性が広がっている中で切り分けは考えなければいけないと思いました。

神作会長　今の松井さんの発言に対してコメントがありましたら、お願いいたします。

松井報告者　私がきちんと理解できているかどうかわからないのですが、157条なり158条なりが出てくる話は、最後の無償発行のところだと思います。実際に会社法として許容された行為が、会社法の想定されたものと違う動きをとったときにどうなるか、先ほどの武井先生からのご指摘であったわけです。市場の観点から、あるいは投資家保護の観点から、許容できない範囲は何かというところが、157条はもちろん、158条の偽計もまだぼんやりしているところがあります。今回私は、メタレベルの話をしますと言って解釈論を括弧にくくってしまったのですが、最後はそこをきちんと詰めないと、157条や158条の機能論は完結しない。今の松井智予先生の指摘も、市場で無償発行がなされて問題の処理をどうするかというときに、158条が何をそこで問題視して規制対象にするのか、もうちょっと詰めないといけないことに改めて気づかされました。

神作会長　今の論点について、どなたかコメント等ありませんか。非常に大きな論点であると思います。

今の点に関して、157条1号の不正というのは、支配権のような問題は従来は念頭に置いていないという理解でよろしいでしょうか。

松井報告者　私はそう理解しております。

神作会長　支配権のような問題をも含むという解釈もこれから出てくる可能性はあるとお考えでしょうか。

松井報告者　にわかに結論は出ないのですが、158条以下で拾い上げられないものを157条で機能させたいというときには、157条の規制範囲をできる限り広くとっていったほうがいいということになるんですね。それが本当に必要なのかどうかは、先ほど中東先生からいただいた、それに与えられる制裁の重さとか、その後の執行方法が非常に限られているとか、そういうことも含めて考える必要があるのだと思います。もう少しこの先の議論が要るので、今日の議論では不完全だということになるかと思います。

加藤委員　会社法が改正されて株式の無償発行が可能となった場合、157条が適用される可能性がふえてくるかもしれないという話ですが、157条と158条を比較すると、後者についてのみ有価証券の募集が明記されていることが条文の適用関係を分かりにくくしているように思います。157条にいう「その他の取引」に新株の発行も含まれるという理解でしょうか。

もう1つ、何が不正なのかという問題は非常に難しくて、藤田先生や松井智予先生のお話を伺っていて、例えば会社が公開買付けによって自己の株式を取得する場合は、重要情報を公表しなればならないけれども、類似の規制は発行の場合は存在しないといった点も改めて問題になりえるように思います。有価証券届出書の記載事項と重要事実の開示が完全には重なってはいないような気もします。何年か前の私法学会で、発行市場にもインサイダー取引規制が適用されるべきかという問題が取り扱われたと記憶しております。このような現行法が抱えている不均衡を157条や158条を通じて解決することが適切かという問題があるような気がします。

松井報告者　最初の点に関しては、加藤先生がおっしゃるとおりで、発行に関する部分についても、157条というのは正面からは拾いにくくて、158条に行きやすそうです。158条だったら拾える。ただ、今、松尾先生が入りますよねとおっしゃいましたね。

松尾（直）委員　入りますよ。有価証券の募集は有価証券の取得勧誘ですよね。入ります。武井先生、新株予約権の無償割当ては、新株予約権証券の取得勧誘に該当するとする、評判のよくない開示ガイドライン２－３があります。

松井報告者　「売買その他の取引」で読めるということでしょうか。

松尾（直）委員　読めます。支配権の移転も、何か取引があれば読めます。

宮下委員　今の、発行開示の場面でも157条が適用されるということを前提にしてですが、157条２号の条文の文言における、「重要な事項についての虚偽の表示」であったり、「誤解を生じさせないために必要な重要な事実の表示が欠けている」という表現は、発行開示規制で使っている文言とほとんど同じ書き方をしています。発行開示規制においては、「虚偽」、「重要な事実の記載欠け」、「誤解を生じさせないために必要な事実の記載が欠けている」という３つの態様があるという整理がされていて、その中で一番重いのが「虚偽」で、「重要な事実の記載欠け」がその次に重くて、３番目が「誤解を生じさせないために必要な事実の記載欠け」だということを前提にしています。具体的には、「虚偽」だけが刑事罰の対象となり、「重要な事実の記載欠け」までを課徴金の対象としていて、「誤解を生じないために必要な事実の記載欠け」は、刑事罰の対象にも課徴金の対象にもなっていなくて、民事責任だけ対象になっていると思います。

157条は発行開示にも適用され得ると私も思うのですが、そうすると、発行開示規制において民事責任しか課していないものに対して、例えば、「誤解を生じさせないために必要な事実の表示が欠けている」届出書を提出し、その結果として払込金額が払い込まれた場合に、157条では刑事罰が科され得るのかなと思いまして、非常にアンバランスなように感じました。なぜこのような規定になっているのか、もしご意見があればと思った次第です。

松井報告者　今の先生のお話で勉強になりました。157条に関しては、先ほど弥永先生からですか、開示規制との重なり合いの話がありました。もともと意識を余りしないでできている条文というか、そもそも適用することを想定していない条文だと思います。しかし、形式的には多分重なり合う。実際、適用ができるとなれば、宮下先生がおっしゃるとおりで、10年の刑事罰しかありません。157条というのは網が広くて、ありとあらゆる行為にかかってき得るのですが、そのためのきめ細やかな執行の方法等は全く想定されてないので、結局執行できないという、一般に理解されている結論に行き着くんだろうと思います。

武井委員　上場会社には一般投資家がいるわけなので、上場会社の一般投資家が害されることがないか。上場会社では、一般投資家の存在も忘れてはならないと思います。

神作会長　いかがでしょうか。よろしければ、ちょっと時間が早いですけれども、本日の研究会はこれで終了させていただきたいと思います。たくさんのご議論をいただきまして、ありがとうございました。特にご報告いただいた松井先生には、厚く御礼申し上げます。

次回の研究会は、お手元の議事次第にございますように、11月21日の午後２時から、河村委員からご報告をいただく予定でございます。テーマは「仮想通貨関連」でございます。また、会場は日証協が移転する日本橋にあります太陽生命日本橋ビル８階、日証協会議室となります。建物が変わりますので、お間違いのないようご留意いただければと思います。お手元に地図をお配りしておりますので、ご参照下さい。

それでは、本日の研究会はこれにて閉会とさせていただきます。お忙しいところ、どうもありがとうございました。

報告者レジュメ

一般的不公正取引規制に関する一考察

2018.9.13
立教大学　松井秀征

目　次

1　はじめに

- 金商法における不公正取引規制の構造

・第6章「有価証券の取引等に関する規制」
・157条「不正行為の禁止」
→一般的な不公正取引規制の規定として理解
・158条～171条の2
→個別的な不公正取引規制の規定として理解
→ただし158条については、これを一般的な不公正取引規制として位置づけられるとする見解あり
※母法を異にする規定があるほか、個別の不祥事対応で導入された規定も多く、そもそも理論的な体系性や統一性があるわけではない

3

1　はじめに

○ 問題の所在

・157条の他に158条が一般的不公正取引規制として理解されうる状況
→それぞれの規定がどのような行為を規制対象とするのか、という問題

・他方で、157条と158条の関係性については、近年に至るまで、あまり問題とされてこなかった
→157条の適用例がほとんどなかったから
→158条は風説の流布に関する事案が中心で、157条との抵触関係が問題とならなかったから

・158条について、偽計の適用例がみられるようになる
→157条との関係性が正面から問われうる状況

4

2　金商法157条・158条の趣旨

- 金商法158条

・大正3年取引所法改正
→仲買人の活動の適正化、公定相場を形成する組織としての取引所の機能の適正化
→当時問題とされていた行為として、投資家の不正行為や仲買人の呑み行為
・投資家の不正行為
→新聞紙を買収して虚偽の報道をさせる
→複数の仲買人と懇意になって、自らの希望価格で売りと買いの注文を別の仲買人に出し、仮装取引を行う　等々

5

2　金商法157条・158条の趣旨

○ 金商法158条

・大正3年取引所改正の審議における議論
→取引所において価格の高騰や暴落が起こる際には、往々にして虚偽の風説が流布されたり、偽計が用いられたり、暴行・脅迫等が行われたりする

・大正3年改正取引所法32条の4として現在の金商法158条の原型となる規定が創設される
※呑み行為については同法25条で禁止

2　金商法157条・158条の趣旨

- 金商法158条

・大正3年取引所法32の4の趣旨

→公定相場を形成する組織としての取引所の機能の適正化

→取引所における公定相場の変動を恣意的に生じさせる行為を取り締まることを目的とする

・規制の名宛人

→「何人も」とされている

→実際に念頭に置かれていたのは、虚偽の風説を伝播し、偽計を講じ、あるいは暴行・脅迫を用いて相場の変動をさせようとしていた投資家

7

2　金商法157条・158条の趣旨

○ 金商法158条

・昭和22年証券取引法の制定

→もともとは取引所法改正の方向で進んでいたこともあってか、不公正取引規制については、従前の取引所法の規制内容を引き継いでいた

・昭和22年証券取引法86条1号

→相場変動目的に加えて、「有価証券の募集若しくは売出のため」という文言が追加される

→発行市場の機能保護という側面が追加され、一般的な不公正取引規制としての側面の萌芽が現れる

2　金商法157条・158条の趣旨

○ 金商法158条

・昭和23年証券取引法の制定（全面改正）
→「証券取引法を徹底的に自治的性格のものに改正」する半面、罰則規定に関しては「罰則の全般にわたり整備強化を」する、という考え方
・昭和23年証券取引法197条1号
→昭和22年証券取引法86条1号における目的の文言に「売買その他の取引のため」という表現が付加され、風説の流布から「虚偽の」という表現を削除
・一般的不公正取引規制としての側面
→他方で現行の金商法157条に相当する条文（58条）、そして相場操縦に関する条文（125条）が置かれることによって規定間の緊張関係が生じる可能性

9

2　金商法157条・158条の趣旨

- 金商法157条

・1934年連邦証券取引所法10条・規則10b-5
→有価証券の売買と関連した相場操縦的、あるいは詐欺的策略・計略の使用の禁止
→有価証券売買の売主のみならず（すでに1933年法証券法17条(a)項で対応可能）、買主も射程に収めるために設けられたものとして理解
→抽象度の高い文言ではあるが、証券詐欺に関する州法の解釈が蓄積しており、これを基礎として適用例が積み重なっていく

10

2　金商法157条・158条の趣旨

- 金商法157条

・昭和23年証券取引法58条・197条2号
→1934年連邦証券取引所法10条・規則10b-5を基礎として置かれる
→投資家保護を求めるGHQの影響下で置かれた条文であると考えられるが、その制定趣旨は必ずしも明確ではない
※証券会社に関する当時の国会審議は、もっぱら65条の銀証分離規定の妥当性に集中

11

2　金商法157条・158条の趣旨

- 金商法157条

・昭和23年証券取引法58条の位置づけ
→「第3章　証券会社」の章に置かれ、罰則規定が別途設けられる
→「他に適当な場所がなかった」ので、第3章の中に58条として置かれたのか
・戦前からの証券取引に関する不正行為
→仲介業者（仲買人、取引員その他）の不正行為がはなはだしく、これへの対応に腐心してきた
→GHQから一般的不公正取引規制に関する条文が下りてきたときに、これを意図的に仲介業者（証券業者）に対する取締条文として位置づけたのではないか
→同法197条1号は投資家の不正行為を取り締まる規定、58条・197条2号は証券業者の不正行為を取り締まる規定
→その意味では、いずれも一般的不正取引規制であって、ただ規制の名宛人として念頭に置いている者が異なっていた

12

2　金商法157条・158条の趣旨

○ 平成4年証券取引法改正における体系的整序

・不公正取引規制に関する規定を整序
→証券取引法の中に散在していた不公正取引規制に関する規定を「第6章　有価証券の取引等移管する規制」としてまとめる
→不公正取引に関する実質的内容を変ずるものではない、との説明

・体系的整序がもたらした効果
→157条は「証券会社」という衣から脱したことによって、名実ともに一般的不公正取引規制としての位置づけが与えられることになる（一般的補充的に適用される条文）
→158条は157条との関係で個別的不公正取引規制としての位置づけが与えられることになる（ある特定の個別的類型に適用される条文）

13

3　金商法157条・158条をめぐる従前の議論

○ 従前の裁判例

・金商法157条

→無価値に等しい株式に偽装の株価を付すため、権利移転を伴わない売買を行ったという事案（最決昭和40・5・25集刑155-831.「『不正の手段』とは、有価証券の取引に限定して、それに関し、社会通念上不正と認められる一切の手段をいう」）

→不当な取引勧誘をめぐる民事事件（2号）、あるいは損失補てんをめぐる代表訴訟（1号）等で157条違反が主張されるが、ほとんど法律論を行わないか、そもそも適用がないとする解決をしている

14

3　金商法157条・158条をめぐる従前の議論

- 従前の裁判例

・金商法158条

→実際に裁判で扱われる例が散見されるようになるのは平成期以降

→その中でも適用例の多くは風説の流布の事案

→ただし、平成20年前後から偽計により法の執行される例が散見されるようになる（債券の売付け、組織再編、増資等の事案で裁判が行われているが、いずれも「虚偽の事実の公表」という要素が含まれる）

15

3　金商法157条・158条をめぐる従前の議論

○ 従前の学説

・金商法157条に関する一般的理解
→法定刑の重さに比して構成要件の規定ぶりが非常に抽象的であることから、その活用が難しい。しかし、金融商品をめぐる取引は複雑であって変化も激しく、立法当時予想もしなかった不正行為が現れる可能性もある。そこで同法157条は、不正行為を包括的に禁止する一般的規定として、また新たなタイプの不公正な取引を規制するものとして理解することができる（たとえば、近藤＝吉原＝黒沼・金融商品取引法入門［第4版］361頁）

16

3　金商法157条・158条をめぐる従前の議論

○ 従前の学説

・金商法158条をめぐる議論

① 金商法158条は、一般的な不公正取引規制ではなく、個別的な不公正取引規制の類型であるとして、特定の限られた局面で機能させる考え方（平成4年改正証券取引法の考え方）

② 金商法158条について、近時の偽計による摘発例を踏まえて、連邦証券規制における規則10b-5と同様の包括的規定としてとらえる考え方

→②は、金商法158条の本来の趣旨に近い半面、同法157条との適用関係等を検討する必要が生じる

17

4　考察

○ 考え方の方向性

・昭和23年証券取引法の考え方

→金商法158条（当時は197条1号）は、有価証券発行市場・流通市場機能保護、そして市場の相場形成機能の保護を図る条文であり、主として投資家によるこれに対する不正行為を取り締まるもの

→金商法157条（当時は58条）は、主として証券会社の不正行為を取り締まるもの

→いずれも一般的不公正取引規制であるが、その主として想定している名宛人が異なる

18

4　考察

○ 考え方の方向性

・平成4年改正証券取引法の考え方

→金商法157条は、証券会社であるか否かを問わず、何人のどのような不正行為をも取り締まる規定であって、その意味において一般的な不公正取引規制である

→金商法158条は、有価証券取引等のため、もしくは相場変動目的のため、「風説の流布」「偽計」「暴行脅迫」が行われた場合に適用がある規定であって、その意味において個別的な不公正取引規制である

19

4　考察

○ 金商法158条の適用範囲

・平成4年改正証券取引法の立場
→157条と158条の関係は一見明確になったように見えるが、本当にそうか
→「有価証券取引等のための偽計」という内容を規制対象としている158条は、一般的な適用可能性を有している
→157条と158条と文言上適用範囲が重なり合う部分については、「個別的」規制である158条が優先して適用される

・金商法159条との関係（補論）
→一定の行為類型について、相場変動が生じなくとも適用される（抽象的危険犯。159条との関係でいえば、未遂行為が独立の犯罪類型とされた面があるとも評しうる）

20

4　考察

○ 金商法157条の適用範囲

・一般的不公正取引規制としての位置づけ
→個別的規制である158条の適用範囲にないものが157条でカバーされるべき
→「有価証券取引等のため」に行われるのでもなく、「相場変動目的」もなく、しかし有価証券取引等に関してなされる不正行為（想定しにくい）
・理念的規定としての金商法157条
→158条以下の個別的不公正取引規制の趣旨を包括する規定
→万が一、158条以下で包摂できない不正行為が現れた場合の規定

第5回金商法研究会（2018.9.13）
資料

一般的不公正取引規制に関する一考察（条文資料）

【金商法158条関係】

1　大正3年改正取引所法32条の4

取引所ニ於ケル相場ノ変動ヲ図ル目的ヲ以テ虚偽ノ風説ヲ流布シ偽計ヲ用ヒ又ハ暴行脅迫ヲ為シタル者ハ二年以下ノ懲役又ハ五千円以下ノ罰金ニ処ス

2　昭和22年証券取引法86条1号

左の各号の一に該当する者は、これを二年以下の懲役又は二万円以下の罰金に処する。

一　有価証券の募集若しくは売出のため又は有価証券市場における相場の変動を図る目的を以て、虚偽の風説を流布し、偽計を用い又は暴行若しくは脅迫した者

3　昭和23年証券取引法197条1号

左の各号の一に該当する者は、これを三年以下の懲役又は十万円以下の罰金に処する。

一　有価証券の募集、売出若しくは売買その他の取引のため又は有価証券の相場の変動を図る目的を以て、風説を流布し、偽計を用い、又は暴行若しくは脅迫した者

【金商法157条関係】

4　昭和23年証券取引法58条

何人も、左の各号の一に掲げる行為をしてはならない。

一　有価証券の売買その他の取引について、不正の手段、計画又は技巧をなすこと

二　有価証券の売買その他の取引について、重要な事項について虚偽の表示があり、又は誤解を生ぜしめないために必要な重要な事実の表示が欠けている文書その他の表示を使用して金銭その他の財産を取得すること

三　有価証券の売買その他の取引を誘引する目的を以て、虚偽の相場を利用すること

以上

金融商品取引法研究会名簿

（平成30年9月13日現在）

会　長	神作裕之	東京大学大学院法学政治学研究科教授
会長代理	弥永真生	筑波大学ビジネスサイエンス系 ビジネス科学研究科教授
委　員	飯田秀総	東京大学大学院法学政治学研究科准教授
〃	大崎貞和	野村総合研究所未来創発センターフェロー
〃	尾崎悠一	首都大学東京大学院法学政治学研究科 法学政治学専攻准教授
〃	加藤貴仁	東京大学大学院法学政治学研究科准教授
〃	河村賢治	立教大学大学院法務研究科教授
〃	小出　篤	学習院大学法学部教授
〃	後藤　元	東京大学大学院法学政治学研究科准教授
〃	武井一浩	西村あさひ法律事務所パートナー弁護士
〃	中東正文	名古屋大学大学院法学研究科教授
〃	藤田友敬	東京大学大学院法学政治学研究科教授
〃	松井智予	上智大学大学院法学研究科教授
〃	松井秀征	立教大学法学部教授
〃	松尾健一	大阪大学大学院高等司法研究科准教授
〃	松尾直彦	東京大学大学院法学政治学研究科客員教授・弁護士
〃	宮下　央	ＴＭＩ総合法律事務所弁護士
オブザーバー	小森卓郎	金融庁企画市場局市場課長
〃	岸田吉史	野村ホールディングスグループ法務部長
〃	森　忠之	大和証券グループ本社経営企画部担当部長兼法務課長
〃	鎌塚正人	ＳＭＢＣ日興証券法務部長
〃	陶山健二	みずほ証券法務部長
〃	本井孝洋	三菱ＵＦＪモルガン・スタンレー証券法務部長
〃	山内公明	日本証券業協会常務執行役自主規制本部長
〃	島村昌征	日本証券業協会執行役政策本部共同本部長
〃	内田直樹	日本証券業協会自主規制本部自主規制企画部長
〃	塚﨑由寛	日本取引所グループ総務部法務グループ課長
研究所	増井喜一郎	日本証券経済研究所理事長
〃	大前　忠	日本証券経済研究所常務理事

（敬称略）

［参考］ 既に公表した「金融商品取引法研究会（証券取引法研究会）研究記録」

第１号「裁判外紛争処理制度の構築と問題点」　2003年11月
報告者　森田章同志社大学教授

第２号「システム障害と損失補償問題」　2004年１月
報告者　山下友信東京大学教授

第３号「会社法の大改正と証券規制への影響」　2004年３月
報告者　前田雅弘京都大学教授

第４号「証券化の進展に伴う諸問題(倒産隔離の明確化等)」　2004年６月
報告者　浜田道代名古屋大学教授

第５号「EUにおける資本市場法の統合の動向
―投資商品、証券業務の範囲を中心として―」　2005年７月
報告者　神作裕之東京大学教授

第６号「近時の企業情報開示を巡る課題
―実効性確保の観点を中心に―」　2005年７月
報告者　山田剛志新潟大学助教授

第７号「プロ・アマ投資者の区分―金融商品・
販売方法等の変化に伴うリテール規制の再編―」　2005年９月
報告者　青木浩子千葉大学助教授

第８号「目論見書制度の改革」　2005年11月
報告者　黒沼悦郎早稲田大学教授

第９号「投資サービス法(仮称)について」　2005年11月
報告者　三井秀範金融庁総務企画局市場課長
松尾直彦金融庁総務企画局
投資サービス法(仮称)法令準備室長

第10号「委任状勧誘に関する実務上の諸問題
―委任状争奪戦（proxy fight）の文脈を中心に―」　2005年11月
報告者　太田洋 西村ときわ法律事務所パートナー・弁護士

第11号「集団投資スキームに関する規制について
―組合型ファンドを中心に―」　2005年12月
報告者　中村聡 森・濱田松本法律事務所パートナー・弁護士

第12号「証券仲介業」　2006年３月
報告者　川口恭弘同志社大学教授

第13号「敵対的買収に関する法規制」　2006年5月
報告者　中東正文名古屋大学教授

第14号「証券アナリスト規制と強制情報開示・不公正取引規制」　2006年7月
報告者　戸田暁京都大学助教授

第15号「新会社法のもとでの株式買取請求権制度」　2006年9月
報告者　藤田友敬東京大学教授

第16号「証券取引法改正に係る政令等について」　2006年12月
（ＴＯＢ、大量保有報告関係、内部統制報告関係）
報告者　池田唯一　金融庁総務企画局企業開示課長

第17号「間接保有証券に関するユニドロア条約策定作業の状況」　2007年5月
報告者　神田秀樹　東京大学大学院法学政治学研究科教授

第18号「金融商品取引法の政令・内閣府令について」　2007年6月
報告者　三井秀範　金融庁総務企画局市場課長

第19号「特定投資家・一般投資家について―自主規制業務を中心に―」　2007年9月
報告者　青木浩子　千葉大学大学院専門法務研究科教授

第20号「金融商品取引所について」　2007年10月
報告者　前田雅弘　京都大学大学院法学研究科教授

第21号「不公正取引について－村上ファンド事件を中心に－」　2008年1月
報告者　太田 洋 西村あさひ法律事務所パートナー・弁護士

第22号「大量保有報告制度」　2008年3月
報告者　神作裕之　東京大学大学院法学政治学研究科教授

第23号「開示制度（Ⅰ）―企業再編成に係る開示制度および　2008年4月
集団投資スキーム持分等の開示制度―」
報告者　川口恭弘 同志社大学大学院法学研究科教授

第24号「開示制度（Ⅱ）―確認書、内部統制報告書、四半期報告書―」　2008年7月
報告者　戸田　暁　京都大学大学院法学研究科准教授

第25号「有価証券の範囲」　2008年7月
報告者　藤田友敬　東京大学大学院法学政治学研究科教授

第26号「民事責任規定・エンフォースメント」　2008年10月
報告者　近藤光男　神戸大学大学院法学研究科教授

第27号「金融機関による説明義務・適合性の原則と金融商品販売法」2009年1月
報告者　山田剛志　新潟大学大学院実務法学研究科准教授

第28号「集団投資スキーム（ファンド）規制」　2009年3月
報告者　中村聡 森・濱田松本法律事務所パートナー・弁護士

第29号「金融商品取引業の業規制」　2009年4月
報告者　黒沼悦郎　早稲田大学大学院法務研究科教授

第30号「公開買付け制度」　2009年7月
報告者　中東正文　名古屋大学大学院法学研究科教授

第31号「最近の金融商品取引法の改正について」　2011年3月
報告者　藤本拓資　金融庁総務企画局市場課長

第32号「金融商品取引業における利益相反
—利益相反管理体制の整備業務を中心として—」　2011年6月
報告者　神作裕之　東京大学大学院法学政治学研究科教授

第33号「顧客との個別の取引条件における特別の利益提供に関する問題」2011年9月
報告者　青木浩子　千葉大学大学院専門法務研究科教授
松本譲治　ＳＭＢＣ日興証券　法務部長

第34号「ライツ・オファリングの円滑な利用に向けた制度整備と課題」2011年11月
報告者　前田雅弘　京都大学大学院法学研究科教授

第35号「公開買付規制を巡る近時の諸問題」　2012年2月
報告者　太田 洋 西村あさひ法律事務所弁護士・NY州弁護士

第36号「格付会社への規制」　2012年6月
報告者　山田剛志　成城大学法学部教授

第37号「金商法第6章の不公正取引規制の体系」　2012年7月
報告者　松尾直彦　東京大学大学院法学政治学研究科客員教授・西村あさひ法律事務所弁護士

第38号「キャッシュ・アウト法制」　2012年10月
報告者　中東正文　名古屋大学大学院法学研究科教授

第39号「デリバティブに関する規制」　2012年11月
報告者　神田秀樹　東京大学大学院法学政治学研究科教授

第40号「米国JOBS法による証券規制の変革」　2013年1月
報告者　中村聡 森・濱田松本法律事務所パートナー・弁護士

第41号「金融商品取引法の役員の責任と会社法の役員の責任
—虚偽記載をめぐる役員の責任を中心に—」　2013年3月
報告者　近藤光男　神戸大学大学院法学研究科教授

第42号「ドッド=フランク法における信用リスクの保持ルールについて」2013年4月
報告者　黒沼悦郎　早稲田大学大学院法務研究科教授

第43号「相場操縦の規制」　2013年8月
報告者　藤田友敬　東京大学大学院法学政治学研究科教授

第 44 号「法人関係情報」　2013年10月
報告者　川口恭弘　同志社大学大学院法学研究科教授
平田公一　日本証券業協会常務執行役

第 45 号「最近の金融商品取引法の改正について」　2014 年 6 月
報告者　藤本拓資　金融庁総務企画局企画課長

第 46 号「リテール顧客向けデリバティブ関連商品販売における民事責任　2014 年 9 月
—「新規な説明義務」を中心として—」
報告者　青木浩子　千葉大学大学院専門法務研究科教授

第 47 号「投資者保護基金制度」　2014 年10月
報告者　神田秀樹　東京大学大学院法学政治学研究科教授

第 48 号「市場に対する詐欺に関する米国判例の動向について」　2015 年 1 月
報告者　黒沼悦郎　早稲田大学大学院法務研究科教授

第 49 号「継続開示義務者の範囲—アメリカ法を中心に—」　2015 年 3 月
報告者　飯田秀総　神戸大学大学院法学研究科准教授

第 50 号「証券会社の破綻と投資者保護基金　2015 年 5 月
—金融商品取引法と預金保険法の交錯—」
報告者　山田剛志　成城大学大学院法学研究科教授

第 51 号「インサイダー取引規制と自己株式」　2015 年 7 月
報告者　前田雅弘　京都大学大学院法学研究科教授

第 52 号「金商法において利用されない制度と利用される制度の制限」 2015 年 8 月
報告者　松尾直彦　東京大学大学院法学政治学研究科
客員教授・弁護士

第 53 号「証券訴訟を巡る近時の諸問題　2015年10月
—流通市場において不実開示を行った提出会社の責任を中心に—」
報告者　太田 洋 西村あさひ法律事務所パートナー・弁護士

第 54 号「適合性の原則」　2016 年 3 月
報告者　川口恭弘　同志社大学大学院法学研究科教授

第 55 号「金商法の観点から見たコーポレートガバナンス・コード」 2016 年 5 月
報告者　神作裕之　東京大学大学院法学政治学研究科教授

第 56 号「ＥＵにおける投資型クラウドファンディング規制」 2016 年 7 月
報告者　松尾健一　大阪大学大学院法学研究科准教授

第 57 号「上場会社による種類株式の利用」　2016 年 9 月
報告者　加藤貴仁　東京大学大学院法学政治学研究科准教授

第58号「公開買付前置型キャッシュアウトにおける　2016年11月
価格決定請求と公正な対価」
報告者　藤田友敬　東京大学大学院法学政治学研究科教授

第59号「平成26年会社法改正後のキャッシュ・アウト法制」　2017年1月
報告者　中東正文　名古屋大学大学院法学研究科教授

第60号「流通市場の投資家による発行会社に対する証券訴訟の実態」　2017年3月
報告者　後藤　元　東京大学大学院法学政治学研究科准教授

第61号「米国における投資助言業者（investment adviser）　2017年5月
の負う信認義務」
報告者　萬澤陽子　専修大学法学部准教授･当研究所客員研究員

第62号「最近の金融商品取引法の改正について」　2018年2月
報告者　小森卓郎　金融庁総務企画局市場課長

第63号「監査報告書の見直し」　2018年3月
報告者　弥永真生　筑波大学ビジネスサイエンス系
ビジネス科学研究科教授

第64号「フェア・ディスクロージャー・ルールについて」　2018年6月
報告者　大崎貞和　野村総合研究所未来創発センターフェロー

第65号「外国為替証拠金取引のレバレッジ規制」　2018年8月
報告者　飯田秀総　東京大学大学院法学政治学研究科准教授

購入を希望される方は、一般書店または当研究所までお申し込み下さい。
当研究所の出版物案内は研究所のホームページ http://www.jsri.or.jp/ にてご覧いただけます。

金融商品取引法研究会研究記録　第66号

一般的不公正取引規制に関する一考察

平成30年12月19日

定価（本体500円＋税）

編　者　　金融商品取引法研究会
発行者　　公益財団法人　日本証券経済研究所
東京都中央区日本橋茅場町1-5-8
東京証券会館内　　〒103-0025
電話　03（3669）0737代表
URL: http://www.jsri.or.jp

ISBN978-4-89032-682-2 C3032 ¥500E